AF591413

d’amore 4

Romantica Vany & Giuseppe Iannozzi

romanticavany

Romantica Vany

& Giuseppe Iannozzi

Timida paura

Mi accomodai
sulle sue ginocchia
cercando di celar impulso
di selvaggia follia,
come se il desio
di compiacer lui
al di sopra
di chiunque altro
le fantasie mie
popolasse tutte.

Mi procurava
voglia segreta,
l'inizio
d'un'appartenenza;
se incolume però
avessi voluto
un dì venirne fuori,
non m'era concesso
d'abbandonarmi totalmente.

Per vaghi momenti
recuperavo io
sfilacciati lembi
di coscienza,
mentre lui con l'indice
mi segnava dall'alto
in basso sulla pelle
la sua supplica;
e io a negarmi
timida paurosa.

Mai stanco
sconosciuto
e prezioso
l'appagamento
nostro complice;

e così ostili noi
ad abdicare
l'uno in favore
dell'altro.

Qual tormento
per voluttuosità
sempre più votata
a infiammata lussuria.

Alla finestra
mi avvicinavo
prima di salutarlo
perché
non s'accorgesse
del rossore
a lambirmi le guance.

Sì illuminante...
imbarazzante
la felicità intrisa
nell'ultimo ross'oro
del giorno al tramonto.

Luna

Luna, tu che sul seno
dell'infinito buio t'adagi
inargentando del mare
le turbolente acque,
amanti e poeti
ispirazione doni loro,
l'oro invisibile ai più,
il verbo dell'amore.

Luna, tu unica testimone
dei pensieri e sospiri miei,
racconta tu all'amor mio
che seppur lontana
lo penso io pregando
che sempre a me
resti accanto confortando
i dubbi e le paure che a volte
sospetti insinuano
nell'alma mia.

Luna, non spegner mai
il tuo argento su noi
che ci amiamo amandoti.

Su nuvole di sogni

Stanca del torpore
che mi circonda,
su nuvole di sogni
di cui morta m'è
la memoria
ho dormito, poco,
a lungo, non so.

Esito,
esito a mirar
il cielo,
esito a muover
un passo
ed esito anche
a parlar di te,
e non so perché.

Il Nulla solamente
divoro calandomi
nel fitto del bosco
fra alberi che legano
i rami ai rami,
fra cani che abbaiano
lungamente in coro.

Ratto sconquassante
un rumore, una lama di luce
dalla porta che s'apre,
il cucchiaino d'argento
che a terra piomba giù
più e più volte.
Ho creduto di morire
vergognosa di perdermi
in chissà quale buco nero.
Ma poi sei arrivato tu,
tu che m'hai insegnato il volo
portando luce sui pensieri miei

senza temer dei dubbi l'agguato.
Sul tuo corpo però
il profumo d'erba selvaggia,
di tenebre e languida cannella;
se mi fossi voltata
a incontrar il volto tuo amato
saresti forse subito mutato
in vampiro affamato.

Passerotto io

Corro e il cielo carezzo
scorgendo ombre d'uccelli in volo
Sorrido
La mia voce al lor cinguettio lego
E immagino me in un'altra vita
quand'ero passerotto piumato
e la mia casa l'azzurro d'attorno

La lor libertà ammiro,
quel modo tutto loro
di saltellar da un ramo all'altro,
da un cornicione a una finestra
per infine piombare
sulla mia terrazza a beccare
tenere briciole di pane

Primavera sarà bella,
ma freddi i giorni della merla

Come famiglia di merli,
che dal gelo spinti
all'improvviso volano
scansando la neve
sui nostri camini
per un po' di tepore
tenendoci compagnia,
così la prossima Felicità

In un'altra dimensione

Il cielo dal vento commosso,
alba di brume e nuvole piane:
su i rami degl'alberi,
su le lor fresche gemme
un tappeto di galaverna.

Come in un'altra dimensione
fra trasparenze e verginali velluti,
fumetti di pensieri trionfano
nell'aria fresca e profumata,
mentre noi a valle scendiamo
collo sguardo incontrando
ripidi pendii, campi gelati,
carraie dal gelo violate.

Delle terre percorse mi racconti
le storie, e tra una pausa
e l'altra frasi d'amore semini
godendo del rossore acceso
sull'incredulo mio volto.

Per colazione
le mie labbra apparecchio
perché possa tu goderne
appieno, goloso Amor mio.

Ecco, sì! Son ora leggera,
leggera al pari d'una piuma.
Un bacio alla volta, piano,
mano nella mano, così si fa...

Inverno

Nell'eco del vento d'Inverno
il sussurro d'una musica
- alchimie -
che in un soffio d'anima
si posa
sul far della sera...
e le ombre penetra
la Luna vestita di strass
la strada illuminando
davanti a me.

La Maschera

Nuda la maschera giace:
beffarda, ben cela
il falso suo rovescio pensiero.
L'indicibile suo volto
tra me e te or s'insinua,
sì tanto simile
a un terza persona;
e muta spia
azioni e nostri ardori.
Interroga forse i cuori?
O col muto suo aspetto
vuol in noi insinuar sospetto?
Chi vuol essa ancor incantare?

Ancora accenni
di mani nelle mani,
di labbra su labbra,
di piaceri su piaceri:
così io spero
nutrendo fede
che nessuna maschera
possa il nostro destino
comandare. Non mio il desio
di veder il volto nascosto
che d'inganno si nutre
nel bene e nel male
certamente.
Oltre mi spingo io
allontanando il muto suo sguardo,
sfogliando petali di sorrisi
tenendo vivo ugual verso
sicura che la Poesia ch'è nostra
vivida ha in seno la fiamma.

Tutto, oltre le parole
all'orecchio sussurrate,

ha un senso
bello e infinito.

Io penso

Domenica d'inverno,
in riva al mare passeggio
ascoltando delle onde
il frangersi sulla spiaggia
e l'incessante cicaleggio
di chi sul lungomare.
In un ristorantino
un po' vicino un po' lontano
insieme ai miei fratelli
attendono Mà e Pà
ch'io infine appaia.
Ansiosa e commossa
al collo del mio papi
legherò le braccia
cercando di contenerlo tutto,
grande e grosso com'è
nel mio amore.

Chioccolano i gabbiani
beccando dai pescherecci i resti;
basso vola in cielo un aereo,
bruciano invece le auto l'asfalto.
E io penso, a te.
D'improvviso un venticello
con una carezza mi sfiora il viso:
la tua carezza.

Semplicemente accade

Come bambina
credo che per ogni cosa
sempre ci sia un motivo,
si possono far accadere
le cose belle
e quando meno te lo aspetti
accadono.

Così come calda luce emana
un tramonto in un istante sognato
tra la fine del giorno
e l'inizio del buio, mistero è
che semplicemente accade.

Semplicemente accade
così come in amore si passa
da un estremo all'altro,
dal bisogno di compagnia
al desiderio di solitudine:
compagnia per dar sfogo
alla contentezza, e solitudine
per portar il pensiero all'amato.
Ecco così spiegato perché
tra l'azzurro e il blu lassù
stanno a un filo appese
nuvole di zucchero filato
di sogni e di risate piene.

E allora soffia,
soffia forte, vento:
scaccia via i brutti pensieri
e raccontami follie
a lieto fine in universi remoti
che ancor non conosco.

Un pensier d'amore

Con la notte
nuda timorosa
gl'occhi chiudo,
ma fatica
il sonno a venire:
le mie labbra
un pensier d'amore
baciano
e non paiono
al par di me stanche.

Desiderio mi corrompe
anima e core, e sogno
un sogno a te dedicato,
a occhi aperti per te
che io amo. Un bacio
mi lascio rubare
e uno ne rubo io
alle labbra tue affamate.

Sogno e sogno un sogno
a una sola direzione.

Quando poi al mattino
con gl'occhi mezzo chiusi
tra le mani stringerò
delle tue poesie le immagini,
all'intimità dei secoli
il cor mio
focosa altezza di pensieri colorati
consegnerà
perché mai si fiacchino
nella memoria dei figli.

Con un *beee* e un *cucù*

Scomparsa è la gioia,
l'Agnellina mia
che con un *beee*
e un *cucù*
sapeva portare
l'alma mia
sulla riva in luce

Di lei non una traccia
Per quanto in lungo
e in largo abbia cercato,
per quanto abbia pregato
non l'ho incontrata;
eppure non breve è stato
il cammino scalzo
plorando in ogni chiesa
il triste Gesù muto,
senza parole
proprio come me

Di lei più nulla so
L'ho lasciata un secondo,
uno solamente
tra i fiori di campo
ma tanto è bastato
perché al mio ritorno
non un sua impronta
o l'ombra in lontananza

Gattina indifesa

Certi giorni la piega
la decide il destino,
o chi per esso; e a me
non sta bene
di sentir del male
le sue punture.
Qual strano tosco mi prenda
dir con certezza non so;
e però l'anima m'avvelena
e tosto l'imago tua
mi diventa invisa
al pari di quella
del peggior nemico.

E' accaduto oggi
quando scorto ho
la nova tua conquista;
lei, per natura anima oscura,
la tua che d'ingenuità pulsa
- te lo giuro! -
tutta la voleva adombrare.
Orrore l'idea di perderti,
d'esser niente, d'esser sol più
un qualunque nessuno;
profondo orrore
che il dì ammorba,
e solo a tarda sera
un poco si placa
per mostrar della verità
l'affilata lama.

Di luce risplendo,
ben lo vedi da te:
ma mai è facile
portar il peso
di questo che dicono
sia del buon Dio

davvero un gran dono.
A te ogni pensiero dedico;
e tu, che cieco non sei,
con mille impacciate parole
subito invochi il mio perdono.
Hai forse intravisto
l'ombra del mio sorriso,
l'onesto brillio della mia pupilla,
di me gattina indifesa.
Ma basta che a me t'avvicini
con scodinzolio di rabbia o gioia
perché dalla sedia presto scompaia.
Mi desideri, ben lo so
ed io, furba, l'ho capito.

La Domenica delle Palme

Ha verde veste di vento cucita
tutta di teneri fiori fiorita:
delicato il profumo di mille viole
si spande d'attorno,
e da un pino un usignolo canta
mentre più umili creature,
rane e piccoli rospi,
sulla riva dello stagno
nell'acqua pian piano
scivolano.

Nella Domenica delle Palme
rami d'ulivo in chiesa accatastati.
"Povero Gesù!", Giuda lamentava,
ma nel crepuscolo dei folti baffi
e dei lunghi capelli incolti
il disgraziato cuore se la rideva
per la caduta del buon Maestro.
Già nello spazio dell'Ultima Cena
per trenta vili soldi lo tradiva
le monete contando una a una
con legnosa attenzione
su una povera panca assiso.

Con su una corona di spine
alto e fiero sul suo cavallo Gesù
il dolore stornava un sorriso donando
a chi, in mezzo all'aizzata folla,
a mani nude pietre addosso gli scagliava
perché fosse infine redento il peccatore
che nell'anima d'ogni uomo si cela.
"Ecco, me ne lavo le mani",
Ponzio Pilato recitava ignorando
di Maria e delle donne a lei accanto
il pianto.

Gentilezze quasi mai dalla gente,
eppur dal mio cuore la preghiera
per l'immagine buona del Santo
con forte commozione si diparte
in questa settimana di passione.

Il Risorto

Occhi di lacrime lucidi
chiari incontrando del Cristo
la risorta luce; e aperta fede
perché l'anima del figlio di Dio
nella nostra infine s'incontri
suggerendo a noi quelle parole
che del Paradiso a tanti giusti
han prestato le chiavi.

Non siano antiche ruggini e rancori
a dominar questo giorno di pace:
lo dicono in tanti, "Cristo risorto".
Tu, forse, puoi non credere che sia
ma sarai d'accordo con me
che la vita ha un sapore più genuino
quando la mano stringe altra mano.

Dai campanili le campane
bronzeo suono battono e ribattono,
gioioso perché a nessuno sia ignoto.

D'attorno gl'alberi mettono le foglie
e i fiori di tutti i colori sbocciano,
e i passerotti l'immensità del cielo sfidano
con un semplice sventolio d'ali e piume:
intrepido e tepido l'amor si fa strada
con un fischio intorno a sé richiamando
donne e uomini di buona volontà.

Gesù è risorto.
Tu puoi crederci o no,
ma nel nome dell'amore,
della pace che noi vogliamo,
nell'amore lui è risorto
per te e per me,
per portare un po' d'amore
anche nel tuo cuore.

Il sole sull'acqua

Stille di stelle
piovon giù sul tappeto
dei sogni miei e tuoi.
Su paralleli
ma interrotti binari
s'arrestano i pensieri;
ma in cerchio
s'incontrano gli astri
producendo
lampi e zigzaganti saette,
s'allontanano poi
per subito tornare
in fiammanti emozioni
che l'anima scuotono
come se tempo e spazio
mai avessero avuto corso.

Se solo non fossi
così distante!
In riva al lago allor siedo
l'incanto dei riflessi
del sole sull'acqua
cogliendo uno a uno.

E nell'ombra
i tuoi pensieri seguo seguendo
del mio cuore i battiti.
Scioglie la neve
e le tempeste tutte dissolve
il tuo acceso cuore.
Sei però buffo e un po' goffo
e un po' fesso anche;
e non capisco bene mai
se sei tu tutto o niente.
Poeta, esteta o cometa?

Nell'azzurro lassù
una foglia è volata
una rondine incontrando;
e sempre insieme s'accompagnano
con un pizzico di pazzia
sfidando del cielo l'altezza
nell'infinito disegnando
le mille e più emozioni
che nei nostri cuori fan capolino.

Love

Sfiora le guance la primavera
con un'ambigua carezza
che dalle tue dita da pianista
par esser stata strappata:
tocchi leggeri a lungo attesi
eppur sì tanto temuti.

Un giardino fiorito questa vita
se son con te
stretta a te, sempre con te.
Ma paura presto si fa
di fronte a me, ne gl'occhi miei
che si perdono dietro al sonno:
su di me le tue pupille
pronte a scagliar faville
dentro al firmamento
degl'innocenti sogni miei.

Infinito cielo questa musica:
mai può esser silenzio
nel mio cuore che batte...
che segue un battito agitato
che nulla ha del tempo
che fugge.

Eterno giardino il viverti accanto,
così io piccolo fiore, tu forse il profumo
che stordisce prima dell'amore.

Eri tu

Hai puntato questa mattina
l'arma alla tenera mia gola
adoprando tono secco
di colpo di pistola
che m'ha fatto presto sbiancare.
I miei pochi spicci volevi
dal borsellino mio portar via,
proprio come volgare ladro.

Traendo fuori dai più profondi
precordi del core il coraggio,
con rabbia ti ho sputato in faccia
una lacrima di bambina.
Ma subito tu m'hai colpito
nell'ingenuità inventandoti
di sana pianta che con cinque euro
avresti potuto tirar a campare
per una settimana intera.
Ed è stato in quel momento
che ho pensato che la gente muore
senza quasi mai sapere il perché:
forse perché la vita gli dice contro
quando al mattino il volto s'insapona
serrando forte, troppo forte gl'occhi.

Rimestando questo e altri pensieri
l'occhio ho gettato sulle tue Nike,
così ti ho riconosciuto, eri proprio tu!
Proprio tu, l'orso a me tanto caro
che a capofitto sul palco si getta
senza pensare, sempre pensando però
di calarsi nella parte del cattivo ragazzo,
del pazzo a tutti i costi! E allora infine
la maschera l'hai fatta volar via
rivelandoti per quel che sei,
timido e impacciato, vergognoso
e persino in volto tanto tanto rosso.

Ti conosco e ben so che di te,
buffo orso, mi posso fidare
perché ho scoperto
che se solo sul serio lo volessi
da te, a mani piene,
tanto assai ti potrei io rubare.

Desiderio d'Oblio

Fibrilla la sera di magie occorse
nelle spigolature d'un dì d'estate,
mentre in piscina il caldo affogo
ascoltando le voci all'unisono
del mietitrebbia nei campi a trebbiare
e delle rane negli stagni a gracidare.

Tiepida evasione, oblio
per quando nel buio cala il cielo
solo in parte screziato
da uno spicchio di luna, dai falò
sulle colline d'attorno accesi
da chissà chi. Si profila così
tra ombre e vuoto un corpo
di pensieri d'amore che un poco
l'anima indifesa spaventa.

E l'imbarazzo presto si presenta
le gote colorando d'un rosso acceso;
e veloce all'orecchio mi sussurra
che ama chi sa amare
e non chi le cervella si spreme
perché dalla sua sia la speme
or per l'una or per l'altra donzella.

Desiderio d'oblio infine
fra la tensione e l'avversione
di cogliere con sguardo quasi spento
un po' qua e un po' là
bruti accadimenti e slealtà maggiori.
Così nelle vene trova infine
il suo corso il tosco dell'oblio;
ed io sol più agogno un ciel sereno
vuoto di nuvole di cotidiane meschinità,
un cielo perfetto e miope.

Pensieri soavi

Biscottate nuance sul grano;
leggera sussurra la brezza
mentre felice sguazza
un passerotto nella piattino d'acqua
del micio mio;
macchie di gerani colorano
invece il mio altrimenti vuoto
balcone.

Stanno nell'orto dabbasso
ciliegie grosse e rosse,
belle dolci, carnali quasi;
e tra spine ed ellera
s'arrampicano le rose
lungo tutto il pergolato.

Pensieri soavi,
dolce si riscopre la natura
nei momenti di pace
quando finalmente zittita
è del terremoto la furia.

Sol navighiamo in un'immensità
di fluttuanti incertezze in coda
a ogni dì che all'alba si sporge.

Ed eccomi così qui,
tra mille fili d'erba distesa,
a occhi chiusi
a sognar di te al di là
dei miei orizzonti.
Ma caldo l'abbraccio del sole
sul fruscio lieve delle parole
dal vento pettinate
e che i capelli mi sfiorano;
il cor mio è presto rapito
da mille emozioni, e dentro

ai pensieri miei mi perdo:
tu così distante eppur così vicino...
forse sta di casa qui
quella cosa miracolosa
che chiamiamo Felicità.

Non torna ciò ch'è stato

Si ribella la terra
sotto l'incessante sferza
d'una pioggia
che vien giù greve;
e forte soffia il vento
movendo mulinelli
levando in aria
foglie e fogli di giornale
bussando alle finestre,
facendo tremare i solitari
battenti delle imposte.

Ogni discorso tra me
e te resta in sospeso:
dalla paura oppressa
non riesco a dire
quello ch'eppur vorrei
in chiaro saper dire.

Si commuove l'occhio
per ciò che vede,
non vuol però che sentirne
l'orecchio d'udire
dell'intorno i sordi rumori.

Non torna ciò ch'è stato,
non torna più,
per sempre sepolto
sotto colline di macerie;
ogni cosa sarà ricostruita
nuova ma diversa,
e non uno oggi
che possa prevedere
se migliore o peggiore.
Cambiano le ère
che un poco cambiano
pure noi; solo i vecchi

saranno sempre più in là
col tempo
e noi la loro forza,
i loro angeli.

Cantami, o mare!

Nell'azzurro cielo
piano planano i gabbiani
le bianche ali svelando
sul blu del mar profondo.

E su le ali del vento
leggera una musica
dell'onde cerca l'eco
per infine carezzare
dell'alma la spiaggia.

E da le fedi in trasparenza,
in coscienza, così assicuro,
par quasi che dall'imo loro
s'involi della salsedine
l'odore buono.

Scopro così le persone,
le lor sincere dedizioni
che, al di là del codice
del dovere, liete dimorano
l'esistenza di ciascun di noi
nobilitando.

E con del cor mio il favore
anco svelo a te dedicati
slanci d'incontrastato amore.

Cercarti, guardarti
e con te lontano fuggire
senza appartenerti;
e d'amor morire
senza mai toccarci,
così sino al tramonto,
al rintocco della mezzanotte
per nostro maggior piacere.

Ma ora cantami, o Mare,
la favola antica che tu sol sai
dove a vincer sono i buoni
e i cattivi mai.

Zucchero filato

Fra le nuvole
gioca a nascondino il sole
subito uscendone con raggi d'oro
dipingendo brillanti tele di cielo;
s'incanta così lo sguardo mio
perso lassù sublimando dì dopo dì
d'ogni creatura di Dio il respiro.

Ogni splendente raggio
nel profondo del cuore
vorrei poter raccogliere
in previsione dei giorni bui.

Leggo e con te discuto:
m'è nemico il tempo,
e tu, megalomane,
con presunzione nascondi
un profumo; raccogli poi
le mie belle parole
come fossero spine
la quiete d'attorno
facendo presto cader
in frantumi.

Un sospiro lento, e dal cuore
un oscuro pensiero si diparte
oscurando del cielo l'azzurro.

A un cielo, senza nuvole
né venti a squassar porte e finestre
lungo le stradine di pavé,
a questo solo io aspiro.

Oh tu, sapiente,
con occhiali libri fogli e dizionari,
parli arrogantemente,
scrivi inattese verità bugiarde,

in verità cose mai del tutto chiare.
Di te son stanca, non t'amo più.

Chiudo gli occhi.
Desiderio di gocce d'essenza d'amore,
di zucchero filato, che profuma ed i sensi inebria
perché si vesta ogni dì
la mia vita di cieli azzurri.

Non so bene perché

Verdi alberi colgo
e rosse rose anche,
e sbocciar le vedo
per me e per tutti,
e tra me e me penso
che il mondo incanto
di meraviglie.

Nel cielo blu,
fra timide nuvolette
per un giorno di luce,
pian pianino affogo.
Poi oscura la notte
a me si presenta,
e tra me e me penso
che il mondo incanto
di meraviglie.

Dell'arcobaleno
i colori su volti e vestiti
degl'amici miei,
però sì triste il mio dì:
come posso pensar
all'incanto del mondo
con cuor del tutto lieto?

Garrule le risa dei bimbi,
ingenuo il gioire loro per un niente,
ma un domani anch'essi capiranno
che una volta grandi nulla dura a lungo.
Tanto tanto sconsolante,
così tra me e me più non penso
che il mondo incanto
di meraviglie.
Non so bene perché
ogni cosa così destabilizzante:

è che il mondo non mi piace più,
è che mi manchi tu.

La Luna occhieggia fortuna

In un cielo di stelle colmo
la Luna piena occhieggia fortuna:
par quasi ritragga il volto tuo amato.

Prepotente risacca risale dal mare,
tu solo sei l'uomo da baciare.

Vero è che in questo silenzio
che tutto avvolge e travolge
i nostri cuori solamente
all'unisono battono seguendo
dell'onda il ritmo incessante.

Cercammo e cercammo a lungo
la notte con le sue tante stelle;
e infine ne avemmo piene le tasche,
in un angolo ai più sconosciuto
ci riparammo per amoreggiare
e di tanto in tanto un poco riposare.
Ma fulmineo risveglio di luce ci colse
e una sirena i nostri sogni sfiorò
al nostro orecchio recando le nenie
che sulla spiaggia le onde abbandonano;
e subito fu pioggia di frammenti di stelle
che sulle nostre nude anime l'oro recò.

Buon ferragosto cantarono in coro
lucciole e grilli facendo i capricci
per regalarci ore infuocate, tuffi di stelle
e fioriture leggere di favole d'amore.

Un mondo d’amore

Selvaggio il profumo
dell’erba appena tagliata,
dal giardino si spande
su i ciottoli del viottolo
dove tanti abbracci
mi hai venduto
regalandomi baci e baci.

Un presto pretesto il gioco
per riaccender il foco
proprio in quel preciso punto
dove stelle in dono mi recasti
in cambio d’un desiderio,
forse giusto un poco indiscreto.

Sul fieno d’una casa
protetta da un intrico
di rose su rose
e di spine su spine
ci rotolavamo noi
sciogliendo effusioni
e carezze nel cigolio
d’una rugginosa secchia
al pozzo di fuori legata
con una lunga catena;
e delle mie paure ridevi.

Ma sotto
il bianco mio ombrellino
volano ora teneri pizzicotti,
poi sotto il giardino di casa
per scherzo ce le suoniamo.
Caro però ti costa l’equilibrio
quando la tua mano su di me;
dal profondo del ventre mio
un istinto, farti annegare

in un mondo d'amore
che non hai provato mai.

September Morn

Un divano e un libro
che le pagine aperte riposa,
lassù in soffitta
nel rosso acceso
d'un cesto di mele rosse
appena colte.
Basta un brivido
e sei già qui:
quante le favole
che s'asciugano al sole?

Il mio fiato col tuo rubi,
gentile effluvio d'un desiderio.
E si confonde così
l'orizzonte del cielo mio,
che tra le commessure
delle imposte mezzo chiuse
in un brillio di raggi di sole
timido si manifesta.

Con passione m'avvolgesti:
d'un vergine niente io vestita,
brividi d'emozioni sulla pelle;
e le mani intrecciate
nel donar l'un l'altro piacere
per l'eternità occupate.

Dimenticare d'esser
al mondo per poi tornare,
senza paura, a vivere:
non è forse un traguardo
o la chiave giusta?

Da un albero non lontano
i rami dal vento commossi
par suonino le note
di September Morn, mentr'io

a te stringendomi sussurro
“stai con me, resta con me
e il tuo paradiso sarò!”

Flashback

Una scia di morente luce
sul filo dell'ultimo giorno di sole.
Sul mare lacrime di pioggia
che nell'intorno spandono
brillio come di lucide stelline.
Provo a contarle,
ma presto è vertigine:
una, due, tre e tu sei figlio d'un re.
In estasi sorrido a te
respirando a fondo
chiudendo forte gli occhi.

Ho spesso un flashback:
ripenso a tutti i bei momenti
passati a giocar insieme
sulla spiaggia quand'eravamo
poco più che adolescenti.
Poi, d'improvviso,
un'onda mi affoga nel sale:
la paura di star male,
paura che tu, di punto in bianco,
un giorno decida di togliermi
la parola.
Non ho il coraggio
d'immaginare la mia vita
senza te; come potrei andar avanti?
come potrei sapendo
che più non sei con me
per via d'un mio errore?

Tutti mi chiamano Bambolina morettina,
chissà perché!

Amato amor mio, mai potrei donar
il cuor mio a un altro diverso da te.
Due cuori in un battito, in un'anima sola,
così è stato scritto nel Libro del Destino.

Si spegne la luce
perché siano inspiegabili sogni
ad arenarsi nella mente mia.
Non più carezze di sole.
Non più componimenti di stelle.
La pioggia solamente fitta fitta.
Ma gli Angeli dal Paradiso
sporgono un sorriso.
E sotto lo schiaffo del vento
si piega un ramo commosso;
e una a una perde le foglie tutte
decretando la fine della Favola mia.

A turbar il cielo

Si fotografano i tuoi occhi nei miei
e subito nasce dall'intimo tuo
una nuda lacrima d'emozione.

Un'onda nel cuore
s'abbatte su i suoi precordi
dando veloce sfogo
a dimenticati canti di sirene.

Ma quanti gli sguardi sorpresi
e, per paura bambina, soppressi;
e le parole dette e non dette,
sai forse tu contarle una ad una?

Non so dire cosa stia accadendo
in questa notte di scure ombre:
ma nel fogliame più folto una civetta,
col becco a baciar il pelo del cielo,
canta le sue note alla pallida Luna.

D'improvviso sordi scoppi di petardi
e strie di fuochi artificiali a turbar il cielo.
Finita è la festa, ma ancor tante le stelle
che con il loro luccichio in alto resistono
offrendo a noi quaggiù grande spettacolo.

Ansiosa io, in te cerco conforto,
un abbraccio che l'anima e il corpo
mi baci tutto.
E rapida a te m'avvicino cercando
odor d'incenso, la suprema nota
che con l'aria d'attorno s'accordi;
guarirò così le ferite, col balsamo
che un solo semplice nome ha:
spensierata dolcezza.

E i tuoi occhi infine bacerò
perché nell'oblio del sogno

insieme a me si perdano.

Le parole dette e non dette

Si fotografano i tuoi occhi nei miei
e subito nasce dall'intimo tuo
una nuda lacrima d'emozione.

Un'onda nel cuore
s'abbatte su i suoi precordi
dando veloce sfogo
a dimenticati canti di sirene.

Ma quanti gli sguardi sorpresi
e, per paura bambina, soppressi;
e le parole dette e non dette,
sai forse tu contarle una ad una?

Non so dire cosa stia accadendo
in questa notte di scure ombre:
ma nel fogliame più folto una civetta,
col becco a baciar il pelo del cielo,
canta le sue note alla pallida Luna.

D'improvviso sordi scoppi di petardi
e strie di fuochi artificiali a turbar il cielo.
Finita è la festa, ma ancor tante le stelle
che con il loro luccichio in alto resistono
offrendo a noi quaggiù grande spettacolo.

Ansiosa io, in te cerco conforto,
un abbraccio che l'anima e il corpo
mi baci tutto.
E rapida a te m'avvicino cercando
odor d'incenso, la suprema nota
che con l'aria d'attorno s'accordi;
guarirò così le ferite, col balsamo
che un solo semplice nome ha:
spensierata dolcezza.

E i tuoi occhi infine bacerò
perché nell'oblio del sogno
insieme a me si perdano.

L'amour

Tace il mondo
nel mio sospiro,
mentre due cicogne,
al di sopra
della lente del faro
che va spegnendosi,
l'un l'altra si scaldano.

Ambrate perle di brina
ai primi raggi di sole
su trame di tele di ragno
brillano e tremano,
e un sommesso
alito di vento
dai tristi pensieri
mi distoglie.

Desiderio m'è
di cercar rifugio
fra le pagine
dei miei diari
di sogni e fantasie
straripanti.
Quanti gli scritti
d'innamorarmi
e d'amor morire,
non so dire.

Tremanti
ma aperte le palpebre mie,
e dischiuse le frementi labbra
che l'amor tuo vorrebbero leccar
dal collo in giù.

Sol vorrei forte arrossir
come se fossi tu neve
in una strada assolata d'amor.

Or te lo confesso

Il cielo contemplando
presto dono mi fa
d'un caldo incantamento,
e il sole al suo tramonto
infine giunto
d'attorno luce spande
ogni cosa colorando
d'un rossor di rosa tea
mentre pensieri e parole
già nel cor albeggiano:
mi scappa così da ridere
pensando a me bambina
che, un poco dispettosa,
le sparo grosse!

Tenera sì
per il tanto che basta però;
così, per te solamente,
buffo travestimento prendo,
m'è difatti intimo piacere
risponderti male quando scrivi
e al nero, che di certo
in lungo e in largo dilaga,
tu altro ne aggiungi
senza cura aver di gettar
lo sguardo al bello
che eppur c'è.

Biforcute lingue lunghe
ospitalità pretendono
su labbra di deserto,
ma presto il ghiaccio
si scioglie e si spenge il foco
- e sogni e giochi sorgono
e insorgono talvolta spingendomi
a invidiarti, or te lo confesso.
Il tuo estro vorrei avere,

tesserei così per te
una storia di quelle belle
a lieto fine, una storia
che dalle risa ti faccia sbellicare,
una storia che rispecchi il mondo
che assieme a te vorrei vedere.

Tenerezze di Vany

L'ostinata pazienza dell'onda

Appesa in cielo una Luna
che all'occhio non par vera
spande pallido argento
su un mare di sale e silenzio.

Nella luce lunare immerso
intento eri a studiare
più d'ogn'altra cosa
l'ostinata pazienza dell'onda,
i suoi sussulti ora lievi ora alti.
E nel mentre m'accarezzavi
donandomi sensazioni
di leggera agonia, un po' lascive,
mai sperimentate prima;
intimorita, con negl'occhi
la sabbia dal vento sollevata,
sospiravo io agitata.

Tu per nulla cosciente
tutto preso dal tuo osservare
il mare, tu feroce e silente
mi strapazzavi
lasciando che le lacrime
mi bagnassero il viso.

Tu, che ti dici scrittore,
mortificando le tenebre,
ti vien il dono fulmineo
di veder le cose
per quel che sono;
ma tentato hai
di spingerti oltre il limite
segnato dal Signore,
e per un momento, sì, ci sei riuscito
portando fama alla tua perversione
sciogliendo così
uno a uno i nodi dell'amore.

Caro Papà

Caro Papà gira la ruota,
gira la terra, ma non si nota.
Ti giro intorno, ti voglio aiutare,
sono curiosa, voglio da te imparare.

Intingiamo nella tempera il pennello:
se sono con te ogni gioco è più bello,
gira e rigira un abbraccio rotondo...
ti voglio il bene più grande del mondo!

Primavera

E ci sarà ancora il frullo delle rondini,
i loro nidi sbriciolati sulla strada,
le loro piume sparse nell'aria.
E ci sarà ancora la bella primavera
che mi ha fatto innamorare di te;
e ci sarà ancora il frullo delle rondini
capace di farmi piangere ogni volta
che te ne vai senza me.

Travestimenti

Giocare coi travestimenti,
una maschera,
un trucco nuovo...

Salutare rompere gli schemi,
catapultarci in un'altra identità,
sperimentare ruoli differenti

Nevicano quadrifogli

La giornata così tanto azzurra,
vengon giù fitti fitti fiocchi bianchi,
e i bambini giocano allegri,
e le mie unghie son così vermiglie,
e il vento sventola su montagne di solitudini.

E la neve fiocca ovunque in angoli sconosciuti
e racconta storie di dolcezza e di zucchero,
di povertà e d'amore:
là dov'è il paradiso nevicano quadrifogli.

Ho paura

Ho paura,
paura della macchina sociale
che tutto regola accoglie decide.

Ho paura,
paura degli ozi mentali
creati e cullati
da abili immagini.

Ho paura,
paura degl'intelletti elevati
che nel profondo
non hanno un'anima.

Ho paura,
paura del fascinoso denaro,
miraggio che genera
odio ferocia violenza.

Ho paura
d'aver paura:
di te e di tutti.

Sempre uguale Iannozzi

E le labbra si schiudono,
- forse sorridono -
e senza posa
si contraggono
i tuoi pensieri.
Senza preavviso
e con diversi movimenti
attraverso i fogli
tracci segnali
d'un tuo avvenuto
passaggio.
Inutile provocarti,
giungi da solo
e dimostri ch'è vero:
sei un diavolo,
anche se, ripetendoti
nella differenza,
dimostri la presenza
di principi perduti,
ritrovati
e diversamente rappresentati.
Sei lo stesso e pure un altro
e poi ancora lo stesso Iannozzi.

Nonnino

Nonno, cosa vedi... gli infermieri forse? Cosa vedi?
A cosa pensi quando mi guardi?
Uomo irascibile, vecchio, nelle abitudini incerto,
con gli occhi lontani che dribblano il cibo,
non dai alcuna risposta.
Quando ad alta voce ti dico:
"Io voglio che ci provi, mangia!",
sembra che tu non t'accorga delle cose che fai.
Non vedi, stai perdendo una calza o la scarpa?
Chi può resistere!
Non posso però permetterti di fare quel che vuoi.
Bagno e alimentazione:
con questo solamente la lunga giornata da riempire.
E' questo che stai pensando? E' questo quel che vedi?
Poi apri gl'occhi sull'infermiera.... Lei non ti guarda.
Te lo dico io chi sono,
e mi siedo accanto a te immobile.

Mi hai detto giusto ieri:
"Giorni bui sono su di me,
tua nonna è vecchia e brontolona.
Se guardo al futuro mi vengono brividi di terrore.
Devo sempre far pipì, il pappagallo sempre a ogni ora.
Tua nonna mi dà la purga ed io la faccio ovunque.
La mia casa,
che ci sono voluti decenni per costruirla...
E penso agl'anni e all'amore che ho conosciuto.
Ora sono vecchio e la natura è crudele.
E sembra uno scherzo, la vecchiaia mi rende pazzo.
Il corpo si sbriciola. Grazia e vigore si perdono.
Una pietra adesso dove una volta ho avuto un cuore.
Ma dentro questa vecchia carcassa
un giovane la abita ancora;
e di tanto in tanto il mio cuore si gonfia
e si sente maltrattato e amato.
Mi ricordo le gioie, mi ricordo il dolore.
E sto amando e vivendo la vita di nuovo.

Credo che gli anni, troppo pochi,
siano passati troppo in fretta.
E accettare il fatto nudo e crudo
che nulla può durare è difficile.
Apro gli occhi, e le persone mi dicono
tutto quello che io dovrei fare.
Non sono un uomo irascibile,
sono soltanto vecchio ed ho bisogno di tutti".

Guardami nonnino, io sono a te vicino,
e quando non ci sono io ci sono i miei fratelli e cugine,
e quando non ci siamo noi ci sono i tuoi figli.
Non ti lasceremo solo mai, mai solo.
Apri gli occhi... vedi.... ME!

Tenerezze d'un Re

La vita con te

L'alba gl'occhi ti fa lucidi
di commozione di fronte
alla vita che si risveglia
fra uno sbadiglio e un caffè
Suvvia, non far la marmotta!
Apri gli occhietti
e puntali alla luce giovine
che un tuo bacio sol aspetta
mentre ti ravvivi i capelli,
mia Bella Morettina

C'è la dottoressa Agnellino?

C'è la dottoressa Agnellino?
Cerco la dottoressa Agnellino,
non la trovo, eppure ho provato
a cercarla dappertutto,
mi sono spinto dall'Alabama fino in India
consumando le mie già vecchie scarpe

C'è la dottoressa Agnellino
da qualche parte nel mondo?
Ho perso il mio amore
e il cuore mi fa tanto tanto male
Ho bisogno delle sue cure
Se qualcuno dovesse incontrarla
ditele che senza di lei non vivo
Ditele che ho i piedi tutti piagati
per il lungo camminare a vuoto
Ditele che ho raccolto le rose,
le più belle d'ogni paese
che ho visitato, ditele così,
ditele che sono vecchio e stanco
ma che se lei tornasse da me
salterei come un guitto

Latte e borotalco

Latte e borotalco,
il profumo buono
d'una bambina
che prega dorme sogna
Il profumo genuino
del Natale
che per un giorno
viene e poi se ne va

Un piccolo morso di dolcezza
là dove per tutto l'anno
regna la tristezza
Una bambina a piedi nudi
che al mattino un bacio
sulla guancia mi stampa
Una bambina piccola così,
che sulle mie forti gambe
si accoccola come gattina
fingendosi stanca stanca

Per questo Natale
non chiedo molto,
solamente il meglio,
una tenera bambina
con occhi di commozione
Una bambina da coccolare,
e sulla sua bocca riscoprire
la persa bontà della spiritualità

Latte e borotalco,
il profumo del Buono
sul petto d'un'angioletta
pregandola di non volar
lontano, da me via

Ballerina dei Sogni

Ballerina dei Sogni, il crepuscolo caduto su noi e le stelle già quasi tutte brillarelle, ma morde il freddo il didietro di buoni e cattivi; e pian piano si van corrompendo nella nebbie le luci del Natale, e con pesantezza le campane delle chiese bussano all'orecchio; non rimane che la notte, forse uno spicchio di Luna se saremo fortunati, chi può dirlo...! Un fiocco di neve forse cadrà, e domattina così ogni cosa coperta di bianca verginità. Aspettando del mattino la prima luce, Ballerina dei Sogni, in punta di piedi bacio ora la tua beltà.

Innamorato di te

Innamorato di te
Tradisco me
per far la corte a te
Però non so
domani che dirà lei
che sol ieri era la mia lei

Non sono Ferro
e manco Tenco,
sol canto, canto stonato
Canto di te, Viola
Ti canto
di non far del male
a me che t'amo,
che t'amo così tanto
Ma hai ragione,
sono banale
Dico cose dette
con frasi fatte
che in mille altri
t'han già dedicato

Credi a me,
non è una scusa
quando dico
che amo solo te
Se non son bello
né originale,
dimmi pure 'addio' ma...
ma non far male
a me, a te

Sono il tuo uomo

Sono il tuo uomo
e sono venuto per te
Dammi una possibilità
Non sono ricco,
sono povero in canna
ma ho la mia stella
e un giorno scalerò le montagne
e scenderò a valle con le mie gambe

Raccogli le tue cose
L'alba non aspetta mai il tramonto
Non ho denaro facile
Ho con me un martello
e un ramo d'ulivo
E' tutto quello che io ho
Non abbiamo bisogno
di altre cose, non credi?

Mettiamoci al lavoro
Sono il tuo uomo
Raccogli i tuoi stracci
Raccogli i tuoi trucchi
Raccogli ogni altra cosa
Ho pensato a un piano
che non potrà fallire

Liberati dei soldi
Lascia libere le catene
che ti tengono legata al passato
Devi aver fiducia
se vuoi vedere il nuovo sole
insieme a me

Lo sai bene che ti voglio bene

Con te ho sempre da disperarmi
Un giorno la casa di bambole,
quello appresso la chiesa e la preghiera
Con te non so bene mai che fare,
prego sempre che non ti salti in testa
di lasciarmi in compagnia del fantasma di te

Lo sai bene che ti voglio bene,
ma non me ne dai mai abbastanza
di questa buffa cosa chiamata amore
Mi calpesti, mi seppellisci
fra le tue risa e i tuoi fiori

Un giorno il sole, quello dopo la luna
ed intanto le stelle fanno i loro giochi
Sono nato sotto una stella sbagliata,
rimproverato dall'inizio dei tempi

Con te ho sempre da rimproverarmi
d'aver fatto chissà quale sgarbo
Inciampo, cado e mi rialzo ammaccato
Come una vecchia Cadillac rosa
continuo sulla mia strada
guidando la mia pazzia sulla retta via
e ad ogni incrocio incontro il diavolo

Con te ho sempre da disperarmi
Con te ho sempre da rimproverarmi
Un giorno la dolcezza,
quello appresso la durezza
d'un bacio negato

Poco di buono

Ho paura, o no
C'è però che adesso
non è più tempo di tacere
Hai messo a nudo il gioco,
son quel dongiovanni
che temevi

Bambina, ho sol bisogno
d'un motivo per soffrire
Bambina, fammi male
L'amore è così volubile,
oggi c'è e domani sfuma alto
nelle spire d'una sigaretta

Son quel poco di buono
che ti ha sempre detto papà
Con me, sì, staresti male
Ma oggi fai tu del male a me,
ogni volta che dimentichi
con la tua parola
d'eccitare l'immaginazione

Ho paura, o no
C'è però che adesso
non è più tempo di dormire
Hai messo a nudo il gioco,
son proprio io il poco di buono
che da te merita una lezione...

Quanta pipì

Quanta pipì,
quanta il pancino
ti premeva!
Per questo
m'eri isterica
come regina
che mal ha riposato
sul pisello

Io intanto
che t'aspetto
fumo una sigaretta,
da signorina però
con un bacio di rossetto
sul filtro
già quasi ridotto
a un mezzo mozzicone

Lo spettacolo
sta per iniziare
e tu barricata
in quella toilette
che la porta
non vuole aprire
Mi sento
un barbaro ottuso
e un cane bastonato,
un pagliaccio
scaricato
alla prima

Poeta minore

Mi hai buttato giù
la macchina per scrivere,
e più di là che di qua
mi hai gridato
"la macchia da scrivere
chiappatela tu"

Da quando mi hai
scacciato via
vivo sulla tua via
da tutti schiacciato
come un pidocchio
E scrivo poesie

Uccellino del Paradiso

Se dico la mia lei mi picchia
La Bimba mia me le suona
e sempre di santa ragione
Mi mette in ginocchio
e gliene frega niente
se piango forte e le dico
che è lei la mia stella
Vola subito un altro ceffone,
lei vuol sempre aver ragione

Lei è Uccellino del Paradiso,
non ha colpa se non capisco...
se non capisco le donne,
il lor bisogno di sognare
a occhi aperti

Come gatto matto

La festa della mamma,
mia Bella, è passata
però da me non sei passata
per stamparmi sulla bocca
con le tue labbra di rosa
un caldo bacio

Così io or mi chiedo
perché dal fornaio sì
a prendere il pane caldo
e dal lattaio pure
a ritirare il latte fresco

Ho corso in lungo e in largo
come un pazzo
lasciandomi alle spalle
monumenti e piazze,
gettando l'occhio
a destra e a manca
pregando d'incontrar
la tua gonna rossa
Un gatto nero
m'ha persino tagliato
la strada

Ho preso sotto anche un matto
che m'ha mezzo fracassato di botte,
per questo ora sotto al tuo portone
resto acciaccato con un occhio nero
E se presto verrà la notte
canterò a squarciagola il mio amore,
come gatto con la coda pestata
Non avrò di te alcuna pietà,
puoi scommetterci che ti avrò,
che ti prenderò, che ti stancherò
a non finire

Nessuna colpa in te

Hai dimenticato
che qui qualcuno
seppur solo soletto
ti vuol bene
con quel coraggio
che mai ti ha confessato

Ma quale colpa, quale
potrei portarti mai?

L'invidia mia
onda su onda
scivola via
affogando
il quel mare
che ogni giorno osa
carezzandoti
sempre là dove
a me mai è permesso

Balla per me

Ogni amata di ieri
perduta e seppellita
Però adesso io ho te,
ho te che commuovi me

Balla Bella mia,
e non mi tradire, no,
non mi perdere mai
almeno tu
Balla invece per me
Balla per me,
per me che credo in te
Balla per me
che piango e canto per te

Balla per me
che mi pianto in asso
e mi faccio di sasso,
statua di sale ai tuoi piedi
Balla, balla l'infinito per me
Balla, Bella mia, balla...

Balla, balla per me
fino a cader lenta lenta
come piuma di stanchezza
fra le mie braccia
con dolcezza

E balla, balla ancora per me
Balla, gattina mia bella
Balla per me, mia bella bruna
Balla per me perché lo sai
che bene voglio solo a te

Balla e la bocca sfiorami
una due tre... mille volte,

timida in punta di piedi,
col sorriso tuo di vergini rose

Balla per me perché lo sai
che bene voglio solo a te
Solo a te che balli per me
Solo a te che balli per me
Solo a te che balli per me

Non capisco perché

Io non capisco perché
la domenica mi lasci sempre solo
per andare a farti bella
con le tue mille amiche

Tu a me ci pensi poco poco
Rimango in salotto o sul tetto
a grattarmi il pancino
come un gonzo, così mi strafogo
di schifezze e scrivo pensierini
su stupidi fogliettini
per poi buttarli sul letto
mentre solo soletto
mi spremo il faccino sul cuscino

Ma non è che il lunedì
vada poi molto meglio,
tu vai a lavorare ganza ganza
ed io rimango pulcioso e arruffato
tra gli avanzi dell'amor perduto
davanti alla tv per una televendita
o per vedere della ginnastica
con delle donnine in calzamaglia

Io non capisco perché
se penso a qualcuno penso a te
che non mi fai fare il bagnetto
con te da una vita oramai

Perdoniamoci

Ti perdono perché sai e non sai chi sei,
perché mi fai intenerire e intristire,
tu, gattina dalla pioggia bagnata
che miagola alla porta di casa mia

Ti perdono perché sei piccola e ingenua,
perché prima d'esser regina sei bambina,
perché sei la sola stella che in cielo brilla
e mai si stanca di scacciar il buio d'attorno

Ti perdono perché senza i tuoi dispetti
perdo la gioia di ridere per un niente
e insieme a te tornare un po' bambino
Ti perdono la parola sbagliata e scagliata
facendo subito centro su di me sbruffone

Ti perdono se perdonerai me
d'esser sempre tale e quale
Ti perdono perché son brutto,
un diavoletto da tutti sputato
e sol da te in seno raccolto

Ti perdono perché...
perché di te non so far a meno

INDICE

www.ingramcontent.com/pod-product-compliance
Ingram Content Group UK Ltd.
Pitfield, Milton Keynes, MK11 3LW, UK
UKHW020221250726
13967UKWH00001B/125

9 781291 228212